华语阅读金字塔·10级
Sinolingua Reading Tree Level 10

⑤ 校园欺凌
School Bullying

Victor Siye Bao（鲍思冶） 曾凡静 编著
〔美〕Scott Rainen 翻译
顾腾飞 绘画

我真的不想去学校上学了!

请不要问我为什么,因为我什么也不想说!

我在学校里没有很多的朋友,

不是我不够友好,而是因为我总是喜欢自己一个人待着。

可能是因为我不喜欢运动,那些喜欢运动的男生经常来烦我。

昨天下午我正坐在操场旁看书的时候——

一个壮壮的男生跑到我的面前，什么话也没有对我说。

他走到左边看看我，

我没有理睬他，继续看我的书。

他又走到右边看看我，我还没有理睬他，继续看我的书。

他一边跑一边说——

"你是个大书虫!我让你没有书看!"

我一边追一边喊——

"我的书!把书还给我!你快点儿把书还给我!"

他跑到操场上。

我也跟着他往操场跑。

这个时候——

那个壮壮的男生把书扔给了另外一个高高的男生。

他们一边扔一边笑,好像非常开心,而我非常着急,因为那是我最喜欢的一本小说。

我怎么也拿不到我的书。

我急得蹲在地上哭,我真是太伤心了!

可是,他们并没有停止,他们继续扔我的书,没有人把书还给我。

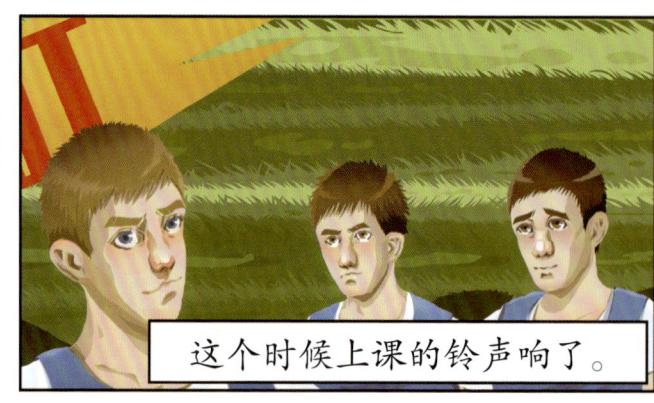

这个时候上课的铃声响了。

我们得回去上课了。

他们把书扔到了地上……

他们一边跑一边笑。

还有几个人回头看着我，笑得非常得意！

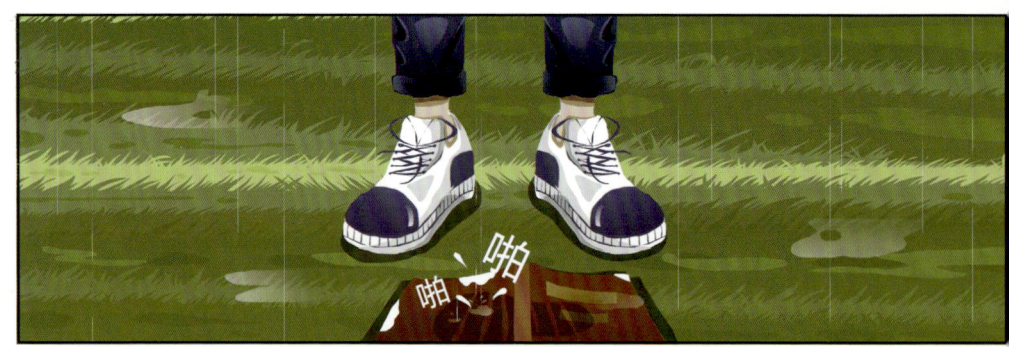

我终于拿回了我最喜欢的小说。

可是书已经坏了。

我的眼泪又流了下来。

我站起来,擦了擦眼泪,往教室走去。

我想我要不要去告诉老师。

PROJECT

1. 研究一下校园欺凌有哪些危害，假设你或你的同学遇到了校园欺凌，你觉得应该怎么做。
2. 网络欺凌也是校园欺凌的一种。请你研究一下网络欺凌，然后以"向网络欺凌说不"为题目制作PPT向同学们展示。

练习1　说一说

1. 故事里的"我"是什么样的一个人？
2. 那些喜欢运动的学生为什么会来烦"我"？
3. "我"蹲在地上哭是因为什么？
4. "我"被欺凌后有什么反应？

练习2 演一演

假设故事里的"我"是你的好朋友,他哭着跟你说了他被别的同学欺负的经过,你该怎么安慰他,并且给他提出什么解决问题的方法。

练习3 写一写

假设你得知你的好朋友遇到校园欺凌,请你给这个朋友写一封信,信中除了安慰的话语以外,再写一写有什么办法能帮他解决被欺凌的问题。

练习 4 完成句子填空，然后根据故事排出正确顺序

面前	友好	迅速	伤心	经常	跟着	以为
着急	停止	得意	终于	不认识	满头大汗	
又	得					

( ) 昨天下午我正坐在操场旁看书的时候，一个壮壮的男生跑到我的_____，什么话也没有对我说。他走到左边看看我，我没有理睬他，继续看我的书。

( ) 我_____拿回了我最喜欢的小说。可是书已经坏了。我的眼泪又流了下来。

( ) 我在学校里没有很多的朋友，不是我不够_____，而是因为我总是喜欢自己一个人待着。

( ) 他_____走到右边看看我，我还没有理睬他，继续看我的书。

( ) 篮球场上有好几个男生正在打篮球，我_____在他们中间有人会帮助我。

( ) 他们把书扔到了地上。他们一边跑一边笑。还有几个人回头看着我，笑得非常_____！

( ) 他突然把我的书抢走……然后_____跑开了。

( ) 他们一边扔一边笑，好像非常开心，而我非常_____，因为那是我最喜欢的一本小说。

( ) 可能是因为我不喜欢运动，那些喜欢运动的男生_____来烦我。

( ) 这个时候上课的铃声响了。我们_____回去上课了。

( ) 这个时候，那个壮壮的男生把书扔给了另外一个高高的男生。当我刚要拿到我的书时，高高的男生又把书扔给了另外一个我_____的男生。

( ) 我怎么也拿不到我的书。我急得蹲在地上哭，我真是太_____了！

( ) 他跑到操场上。我也_____他往操场跑。

( ) 我_____地追到操场。打篮球的男生们看见了我，却好像没有看见我一样。没有一个人来帮助我！

( ) 可是，他们并没有_____，他们继续扔我的书，没有人把书还给我。

待着	马上
dāizhe / stay somewhere	mǎshàng / immediately
理睬	继续
lǐcǎi / pay attention to	jìxù / continue
迅速	得意
xùnsù / rapid	déyì / pleased with oneself
告诉	欺负
gàosu / tell	qīfu / bully

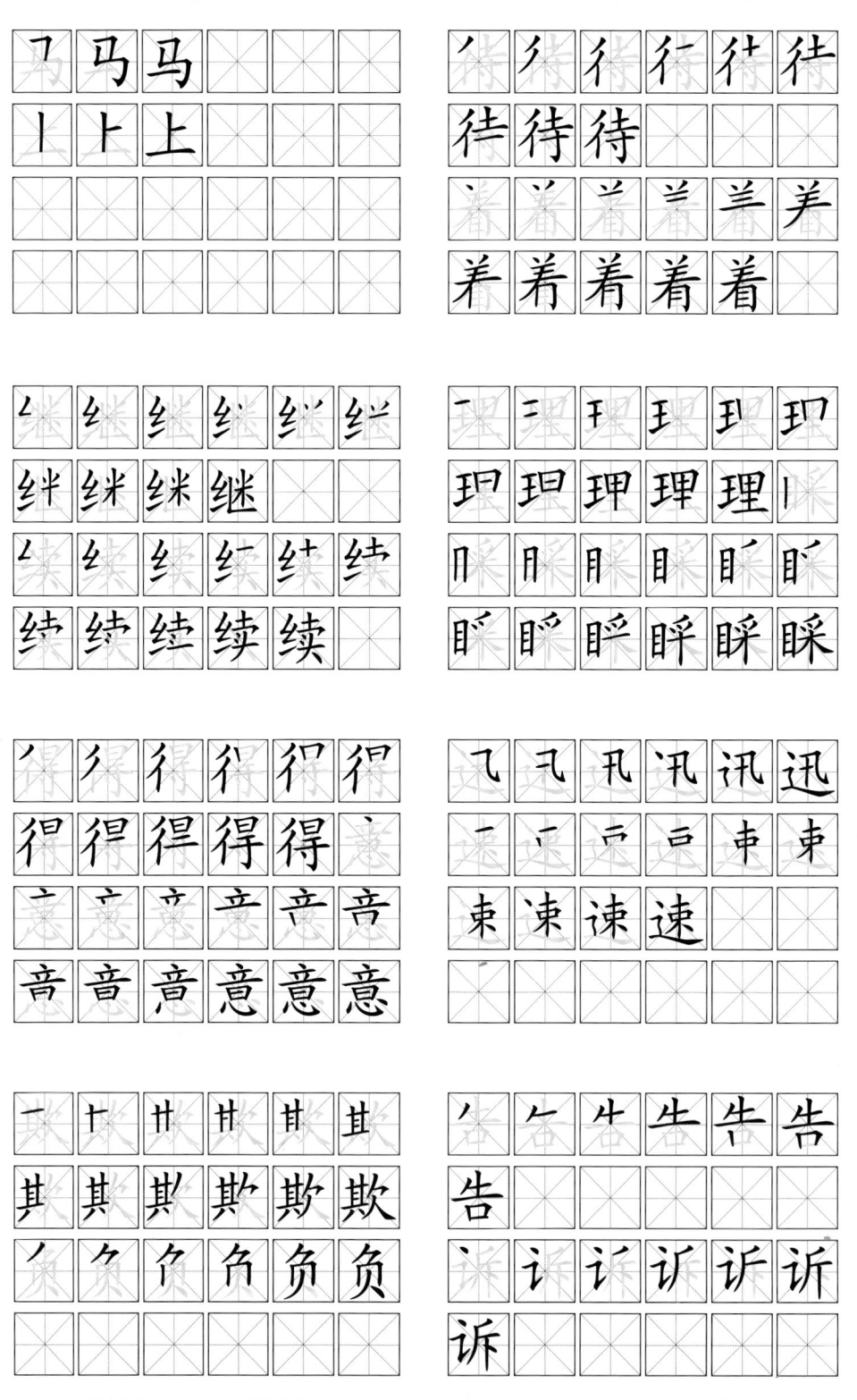

词汇表 Vocabulary

待着	dāizhe	stay somewhere
马上	mǎshàng	immediately
烦	fán	annoy
理睬	lǐcǎi	pay attention to
继续	jìxù	continue
迅速	xùnsù	rapid
书虫	shūchóng	bookworm
还给	huán gěi	give back
扔	rēng	throw; toss
蹲	dūn	squat
伤心	shāngxīn	sad; broken-hearted
得意	déyì	pleased with oneself
擦	cā	wipe
告诉	gàosu	tell
欺负	qīfu	bully
欺凌	qīlíng	bully and humiliate

用拼音读一读
Pinyin Version

  Wǒ zhēn de bù xiǎng qù xuéxiào shàngxué le! Qǐng búyào wèn wǒ wèi shénme, yīnwèi wǒ shénme yě bù xiǎng shuō! Wǒ zài xuéxiào li méiyǒu hěn duō de péngyou, bú shì wǒ bú gòu yǒuhǎo, érshì yīnwèi wǒ zǒngshì xǐhuan zìjǐ yí gè rén dāizhe. Wǒ hěn xǐhuan zìjǐ yí gè rén zài túshūguǎn li kàn shū, rúguǒ méiyǒu bìxū mǎshàng wánchéng de zuòyè, wǒ kěyǐ zài túshūguǎn li dāi zhěngzhěng yí gè zhōngwǔ.

  Kěnéng shì yīnwèi wǒ bù xǐhuan yùndòng, nàxiē xǐhuan yùndòng de nánshēng jīngcháng lái fán wǒ. Zuótiān xiàwǔ wǒ zhèng zuò zài cāochǎng páng kàn shū de shíhou, yí gè zhuàngzhuàng de nánshēng pǎodào wǒ de miànqián, shénme huà yě méiyǒu duì wǒ shuō. Tā zǒudào zuǒbiān kànkan wǒ, wǒ méiyǒu lǐcǎi tā, jìxù kàn wǒ de shū. Tā yòu zǒudào yòubiān kànkan wǒ, wǒ hái méiyǒu lǐcǎi tā, jìxù kàn wǒ de shū.

  Tā tūrán bǎ wǒ de shū qiǎngzǒu…… Ránhòu xùnsù pǎokāi le. Tā yìbiān pǎo yìbiān shuō: "Nǐ shì gè dà shūchóng! Wǒ ràng nǐ méiyǒu shū kàn!"

  Wǒ yìbiān zhuī yìbiān hǎn: "Wǒ de shū! Bǎ shū huán gěi wǒ! Nǐ kuài diǎnr bǎ shū huán gěi wǒ!" Tā pǎodào cāochǎng shang. Wǒ yě gēnzhe tā wǎng cāochǎng pǎo.

  Lánqiúchǎng shang yǒu hǎo jǐ gè nánshēng zhèngzài dǎ lánqiú, wǒ yǐwéi zài tāmen zhōngjiān yǒu rén huì bāngzhù wǒ. Wǒ mǎntóu dàhàn de zhuīdào cāochǎng. Dǎ lánqiú de nánshēngmen kànjiànle wǒ, què hǎoxiàng méiyǒu kànjiàn wǒ yíyàng. Méiyǒu yí gè rén lái bāngzhù wǒ!

  Zhège shíhou, nàge zhuàngzhuàng de nánshēng bǎ shū rēng gěi le lìngwài yí gè gāogāo de nánshēng. Dāng wǒ gāngyào nádào wǒ de shū shí, gāogāo de nánshēng yòu bǎ shū rēng gěi le lìngwài yí gè wǒ bú rènshi de nánshēng.

　　Tāmen yìbiān rēng yìbiān xiào, hǎoxiàng fēicháng kāixīn, ér wǒ fēicháng zháojí, yīnwèi nà shì wǒ zuì xǐhuan de yì běn xiǎoshuō. Wǒ zěnme yě ná bú dào wǒ de shū. Wǒ jí de dūn zài dìshang kū, wǒ zhēnshi tài shāngxīn le! Kěshì, tāmen bìng méiyǒu tíngzhǐ, tāmen jìxù rēng wǒ de shū, méiyǒu rén bǎ shū huán gěi wǒ.

　　Zhège shíhou shàngkè de língshēng xiǎng le. Wǒmen děi huíqù shàngkè le. Tāmen bǎ shū rēngdàole dì shang……Tāmen yìbiān pǎo yìbiān xiào, Hái yǒu jǐ gè rén huítóu kànzhe wǒ, xiào de fēicháng déyì!

　　Wǒ zhōngyú náhuíle wǒ zuì xǐhuan de xiǎoshuō. Kěshì shū yǐjīng huài le. Wǒ de yǎnlèi yòu liúle xiàlai. Wǒ yìbiān kū yìbiān xiǎng: Wǒ zuòcuò shénme le ma？ Nǐmen wèi shénme yào zhèyàng zuò？ Nǐmen wèi shénme yào zhèyàng duì wǒ？

　　Wǒ zhàn qǐlai, cāle cā yǎnlèi, wǎng jiàoshì zǒuqù. Wǒ xiǎng wǒ yào bú yào qù gàosu lǎoshī. Kěshì, wǒ pà tāmen zhīdào wǒ gàosu lǎoshī le yǐhòu huì shēngqì, érqiě yǐhòu huì gèngjiā qīfu wǒ. Miànduì xiàoyuán qīlíng, wǒ yīnggāi zěnme bàn ne？ Shéi kěyǐ bāngbang wǒ ne？

用中文读一读
Chinese Version

我真的不想去学校上学了！请不要问我为什么，因为我什么也不想说！我在学校里没有很多的朋友，不是我不够友好，而是因为我总是喜欢自己一个人待着。我很喜欢自己一个人在图书馆里看书，如果没有必须马上完成的作业，我可以在图书馆里待整整一个中午。

可能是因为我不喜欢运动，那些喜欢运动的男生经常来烦我。昨天下午我正坐在操场旁看书的时候，一个壮壮的男生跑到我的面前，什么话也没有对我说。他走到左边看看我，我没有理睬他，继续看我的书。他又走到右边看看我，我还没有理睬他，继续看我的书。

他突然把我的书抢走……然后迅速跑开了。他一边跑一边说："你是个大书虫！我让你没有书看！"

我一边追一边喊："我的书！把书还给我！你快点儿把书还给我！"他跑到操场上。我也跟着他往操场跑。

篮球场上有好几个男生正在打篮球，我以为在他们中间有人会帮助我。我满头大汗地追到操场。打篮球的男生们看见了我，却好像没有看见我一样。没有一个人来帮助我！

这个时候，那个壮壮的男生把书扔给了另外一个高高的男生。当我刚要拿到我的书时，高高的男生又把书扔给了另外一个我不认识的男生。

他们一边扔一边笑，好像非常开心，而我非常着急，因为那是我最喜欢的一本小说。我怎么也拿不到我的书。我急得蹲在地上哭，我真是太伤心了！可是，他们并没有停止，他们继续扔我的书，没有人把书还给我。

　　这个时候上课的铃声响了。我们得回去上课了。他们把书扔到了地上。他们一边跑一边笑。还有几个人回头看着我，笑得非常得意！

　　我终于拿回了我最喜欢的小说。可是书已经坏了。我的眼泪又流了下来。我一边哭一边想：我做错什么了吗？你们为什么要这样做？你们为什么要这样对我？

　　我站起来，擦了擦眼泪，往教室走去。我想我要不要去告诉老师。可是，我怕他们知道我告诉老师了以后会生气，而且以后会更加欺负我。面对校园欺凌，我应该怎么办呢？谁可以帮帮我呢？

用英文读一读
English Version

I really don't want to go to school. Please don't ask me why, because I don't want to say anything! I don't have many friends at school. It's not because I'm not good enough at making friends. It's because I always like to be alone. I really like reading books by myself in the library. If I don't have any homework that I have to do right away, then I'll spend the whole afternoon in the library.

Perhaps it's because I don't like sports that those who do like sports often come over to bother me. Yesterday afternoon, when I was sitting on a bench beside the playground reading, a sturdy boy ran to me and didn't say anything. He walked to my left and looked at me. I didn't pay any attention to him and kept reading my book. Then he went to my right side and looked at me. I still ignored him and just kept reading.

Then he suddenly snatched my book from me and quickly ran away. As he ran, he said, "You're a big bookworm. I've left you with no book to read!"

I chased him and shouted, "That's my book! Give it back to me! Now!" He ran onto the playground, and I followed him.

Several boys were playing basketball on the court. I thought that maybe one of them would help me. I chased him all over the playground and was covered in sweat. The boys playing basketball saw me, but it seemed none of them were who I thought they were. Not a single one of them helped me!

At this moment, the sturdy boy tossed my book to a tall boy. Just as I was about to grab my book, the tall boy tossed it over to another boy that I didn't know.

They seemed so happy as they laughed and tossed it around, but

I was very worried because it was my favourite novel. How could I get my book back? I squatted down and cried. I was so sad! But they didn't stop. They continued tossing my book around. Nobody gave it back to me.

At this moment, the school bell rang. We needed to return to class. They tossed my book onto the ground and ran back as they laughed. A few of them turned back at me and laughed. They seemed very pleased with themselves.

I finally picked up my favourite novel, but the book had already been damaged. Tears streamed down from my eyes again. As I cried, I thought, "What did I do wrong? Why are you being like this? Why are you treating me this way?"

I stood up and wiped my eyes. As I walked back to the classroom I wondered whether or not I should tell my teacher. However, I was afraid they'd know if I told the teacher, which would make them angry and bully me even more. What should I do when facing bullies in school? Who can help me?

❶ Level Chinese 在做什么

Level Chinese致力于为幼儿园、小学及初高中的汉语学习者提供精准的汉语阅读分级服务，其开发的汉语水平分级框架根据语法、词汇量和阅读技能等要素，将汉语水平分为20个级别。

Level Chinese目前可提供的服务有：

1. 在线评估和数据分析服务。学生可通过在线平台测试自己的汉语水平，系统可提供即时数据，方便教师清晰地了解和准确地评估每名学生的汉语阅读水平及进展。

2. 中文图书分级服务。根据Level Chinese开发的20个级别的汉语水平分级框架为文学类和非文学类中文图书进行分级（其中包括"华语阅读金字塔"汉语分级阅读系列全部图书及华语教学出版社出版的多套汉语分级阅读系列丛书），便于学生根据自身水平选择阅读书单。

3. 配套阅读理解练习。为所有已分级的图书提供配套的阅读理解练习（worksheet，见右图），帮助学生在阅读的同时进一步巩固所学的语法知识和阅读技巧。

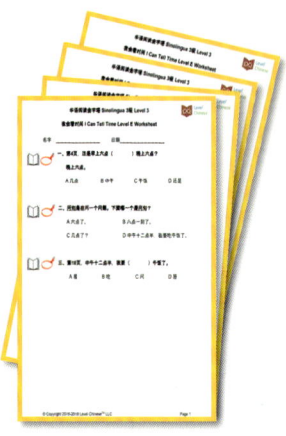

worksheet

❷ Level Chinese与ACTFL 分级对照表

Level Chinese	ACTFL	Level Chinese	ACTFL	Level Chinese	ACTFL
A	Novice Low	H	Intermediate Low	O	Intermediate High
B	Novice Mid	I	Intermediate Mid	P	Advanced Low
C	Novice Mid	J	Intermediate Mid	Q	Advanced Low
D	Novice High	K	Intermediate Mid	R	Advanced Low
E	Novice High	L	Intermediate High	S	Advanced Low
F	Intermediate Low	M	Intermediate High	T	Advanced Low
G	Intermediate Low	N	Intermediate High		

❸ 本故事级别为 Level Chinese I

Level Chinese I
ACTFL Intermediate Mid

Level Chinese I：此级别图书都为绘本书，每本20～50个句子，大部分句子是20个字左右的较长句子。I级绘本书包含部分简单句和部分非重复性复合句，部分复合句包含关联词，可能包含描写性的句子或简单的修辞方法。I级绘本书所用词语大部分是常用高频词，部分句子包含书面语，但是比较容易根据上下文或图片猜测出词语的意思。绘本的图画可以传达出句子的大意，图片可能包含更多细节。

华语阅读金字塔
Sinolingua Reading Tree
10级 Level 10

"华语阅读金字塔"系列针对幼儿园、小学至中学以英语为母语的汉语学习者或国际学校的汉英双语学习者。全系列分为预备级、1~12级，共13个级别。预备级适合幼儿园阶段亲子阅读；1~12级词汇及语言难度螺旋上升，适合小学至中学阶段的学生学习。本系列根据IB中的PYP、MYP和DP ab initio教学话题，参照YCT、IGCSE、IB和AP等国际通行的中文考试大纲词汇，以及国际学校中比较流行的教材里的词汇进行编写。书中配有涉及听说读写的有趣练习和精心设计的探究项目（project），力求引导学生在探索中吸收与语言和文化有关的知识。本系列还提供配套音频和电子书，10级有如下10本。

The Sinolingua Reading Tree series is a collection of Chinese levelled readers aimed at kindergarten through secondary school-aged students who are native English speakers or who are studying at Chinese-English bilingual international schools. This series is divided into 13 levels, ranging from a starter level to more advanced levels. The starter level is intended for parent-child reading for kindergarten-aged children while the other 12 levels are suitable for primary and secondary school students. The series covers topics from the Primary Years Programme (PYP), Middle Years Programme (MYP) and the ab initio of the Diploma Programme (DP) established by the International Baccalaureate (IB). It is compiled with the use of the vocabulary listed in the syllabi of international Chinese language tests, such as the Youth Chinese Test (YCT), International General Certificate of Secondary Education (IGCSE), IB and Advanced Placement Programme (AP) as well as vocabulary in popular textbooks adopted by international schools. Each volume, complete with audio material and an e-book, is accompanied by exercises and a research project that aims to guide students in learning Chinese language and culture through exploration. Volumes 1-10 of Level Ten of the series are listed below.

www.sinolingua.com.cn　　Email: hyjx@sinolingua.com.cn　　Tel: (86) 10 - 68320585 68997826

出版策划：王君校　韩　晖
统筹协调：付　眉　韩　颖　彭　博
项目策划：陆　瑜
责任编辑：陆　瑜
英文编辑：吴爱俊
封面设计：张　颖
绘　　画：顾腾飞

图书在版编目（CIP）数据

校园欺凌：汉英对照 / 鲍思冶，曾凡静编著. — 北京：华语教学出版社，2020.8
（华语阅读金字塔. 10级；5）
ISBN 978-7-5138-1899-5

Ⅰ.①校… Ⅱ.①鲍… ②曾… Ⅲ.①汉语–对外汉语教学–语言读物 Ⅳ.①H195.5

中国版本图书馆CIP数据核字(2020)第014666号

华语阅读金字塔·10级⑤校园欺凌
Victor Siye Bao（鲍思冶）　曾凡静　编著
〔美〕Scott Rainen　翻译

*

© 华语教学出版社有限责任公司
华语教学出版社有限责任公司出版
（中国北京百万庄大街24号　邮政编码100037）
北京玺诚印务有限公司印刷
2020年（32开）第1版
2020年第1版第1次印刷
（汉英）
ISBN 978-7-5138-1899-5
001990

First Edition 2020
First Printing 2020

Copyright 2020 by Sinolingua Co., Ltd
Published by Sinolingua Co., Ltd
24 Baiwanzhuang Street, Beijing 100037, China
Tel: (86) 10-68320585 68997826
Fax: (86) 10-68997826 68326333
http://www.sinolingua.com.cn
E-mail: hyjx@sinolingua.com.cn
Facebook: www.facebook.com/sinolingua

Printed in the People's Republic of China